상그럽기 그지없는

박성규 시집

시인동네 시인선 261   박성규 시집

상그럽기 그지없는

시인동네

시인의 말

늘그막에
삼재(三災)가 닥쳤는지
한동안
마음고생이 심했다.

그나마 내게
시(詩)가 남아 있어
견딜 수 있었다.

모든 것이 감사한
작금이다.

2025년 9월
박성규

차례

시인의 말

제1부

찻잔 · 13

입춘 아침 · 14

이젠 봄이라 하자 1 · 16

이젠 봄이라 하자 2 · 18

이젠 봄이라 하자 3 · 20

과식 · 22

시치미 · 23

국민연금 2 · 24

욕심 · 26

우편물 · 28

고성능 우의 · 30

거울 보기도 무섭다 · 31

맞짱에 대하여 · 32

불공평 · 34

제2부

꽈배기 · 37

만취(晚翠) · 38

수제비의 맛 · 39

고맙다 · 40

비타민 효과 · 42

눈 깜짝할 새 · 43

거미와 나 · 44

내가 봄 · 45

때를 놓치다 · 46

와(蛙) · 48

앵(鸚) · 49

소통 · 50

문천도사(蚊川倒沙) · 52

벌지지(伐知旨) 눈물 · 53

형산강 지구대 · 54

자가격리 · 56

제3부

새집 · 59

제비집 1 · 60

제비집 2 · 62

제비집 3 · 64

열암곡 부처 · 66

도토리 해부학 · 67

방학 숙제 · 68

코로나 피서법 · 70

장마가 설치는 저녁 · 71

산삼의 효능 · 72

빈집털이범 · 74

하루를 삼켰다 · 76

무적(無籍) · 77

동해남부선 열차 · 78

나락 · 80

제4부

감자꽃 · 83

서출지 · 84

4월 · 86

복날 · 88

부양대책 · 89

기차다 · 90

헛꽃 · 92

고욤나무 · 93

죽어줘야겠어 · 94

어떤 밤이 좋을까 · 96

혼자 마시는 술 · 98

청맹과니 · 99

공동 소유권 · 100

입동 저녁 · 102

상그럽기 그지없는 · 104

해설 눈부처를 좇는 일상의 기록 · 105
   고영(시인)

제1부

찻잔

종발이 연못에
꽃잎 떠 있다

꽃잎을 건지려고
물을 비웠다

꽃잎은 건졌지만
연못이 사라졌다

입춘 아침

서너 해가 넘도록 숨어 지냈더니
죽었는지 살았는지 궁금하다며
여기저기서 들쑤서댄다

무소식이 희소식이라며 맞장구치지만
반가운 마음보다는 성가신 것으로 봐선
면벽 수행이 부족했나 보다

눈만 뜨면
움이 얼마나 떴는지
숨은그림찾기 하듯 들여다보는 땅바닥도
조용한 것을 보면
아직 봄이 오지 않았다고
마음을 쉬 정리하곤 하지만

그래도 세상은
순리대로 돌아가야 하고
순리에 맞는 결과가 있을 거라고 믿는 마음 덕분에

헛걸음이라도 마음 상하지는 않지만

인(因)이 있었으니 연(緣)이 있다는 말을 믿는 지금
기다림도 수행이라 여기며
아침 햇살을 반긴다

이젠 봄이라 하자 1

경칩 보내고 춘분을 맞는다

아침마다 서리가 내려
농사일 시작하기는 이르다 싶은데도
자꾸만 삽을 들고 괭이를 들고
호미를 잡았다 놓기를 반복한다

봄이 왔다는 기별은
기승을 부렸던 까마귀가 떠나야지만 되는 일이고
기다렸던 제비가 날아와야만 확신하겠지만

잠시 한눈파는 사이
냉이도 꽃대를 올리고
봄동도 꽃대를 올렸으니
이젠 봄이라고 하자

그래도 잘못되었거나 틀렸다고 한다면
경칩이나 춘분을 탓하자

지나간 것에 대해선 온전한 기억은 없고
초점 잃은 아픔 몇 개만
흐릿하게 떠오르는…….

이젠 봄이라 하자 2

먼 산 봄눈이 녹은 것 같아
꽃눈 검사에 들어갔다

어릴 적 숙제 검사가 무서웠던 건지
검사라는 말만 들어도
이따금 소스라치기도 하지만

몇 해 전 길거리에서
무료로 과실수를 나누어 주었던 행사 때
열 그루나 받아다가 심긴 했었는데

그동안 달린 과일이 없어서인지
이름도 모른 채로 그대로 팽개쳐 두었다가
찬 기운 옷깃을 스치는 오늘
명찰도 없고 출석부도 없지만
드디어 묘목 검사를 한다

새침데기처럼

가지마다 눈인지 입인지 모를 것들
뾰로통하다

이젠 봄이라 하자 3

제법 오동통해진 눈들
큰 것은 꽃눈이고
작은 것은 잎눈이니라

살아오면서
과실수를 가까이 한 적 없기에
그냥 보기만 해서는 알 수 없는 일

상상으로 이름을 붙여 부르다가도
설령 틀렸어도 나중에 제대로 알면
제대로 불러 주기로 하면서
틈만 나면 과실수를 점검한다

사과꽃도 그랬고 배꽃도 그래서
과실수 꽃이 예쁘다는 것은 알지만
살구일까?
자두일까?

찬 기운 맴돌아도 봄은 봄
생각만 해도 군침 도는 마음
성급하다

과식

대추를 두 개
따 먹었다

과식을 했다

양반인 줄
생각조차 못 하고

시치미

옆집 호박이
울타리를 넘어왔다

큼직해서
탐이 났다

울타리 넘어온 것
내 것 아닌가?

항복* 할아버지가
헛기침하셨다

---

*오성 이항복.

국민연금 2

계산을 잘못해서
올해도 손가락 빨면서 산다

늦게 출생 신고해 주신 작은아버지 탓이지만
별 탈 없을 거로 생각하며 예닐곱 해 지났어도
뭔가 계산이 잘못됐는지
계속 손가락 빨며 산다

이를 어쩌나?
갈수록 커 보이는 빈 주머니
채울 길은 막막하고
그나마 겨우 버티며 살고 있는데

힘없는 서민이라
저항도 못 하고 당하는 일이지만
누군가가 그랬다
공단이 사기 쳤다고

밑 빠진 독에 물 새듯 빠져나가는
세금 요금 할부금 경조금 때문에
오늘도 빈 주머니 속엔
한숨만 득실거린다

욕심

버려야지 버려야지 하면서도
아직 버리지 못했다
사용하지 않은 것들부터
사용하지 못하는 것들까지도

되돌아보는 일을
여태 게을리해 본 적 없는데
이제는 모든 것을 내려놓아야지 하면서도
버리지 못하는 미련은 아쉬움일까?
정든 탓일까?

낙향한 지도 어언 십여 년인데
강산이 변할 만큼의 시간이라는데
주위는 아직 변한 것 없다

낡은 옷
구멍 뚫린 운동화
한쪽 귀 잘린 호미

모두 보내줘야 하는데도
아직 품 안에 있다

변할 것 같으면서도 변하지 않는 것은 시간뿐
재작년에 겪은 삼재의 기억도
품 안에 숨겨두어야 하나?

우편물

토함산을 넘어온 해가
얼굴에 닿아야만 일어나곤 했는데
오늘은 개 짖는 소리에 화들짝 놀라서
그만 눈을 뜨고 말았다

뭔 일이 있었나 싶어
현관문을 열고 나가니
우체부가 다녀가고
택배차가 다녀갔었다

세상 소식은 별로 궁금하지 않지만
간간이 받아 든 시집 속에서 사람 냄새를 맡다 보니
내 소식 궁금해하는 이도 있을 거라는
상념에 빠져들다가도
이내 아무런 일 없었다는 듯
이불 속으로 들어가려는데

아직은 때가 아니다 싶은지

이불 속으로 다시 들어갔더니
미라 한 구가
나를 빤히 쳐다보고 있었다

고성능 우의

소변기에 붙어 있는 날벌레 한 마리
오줌을 연신 쏘아 대어도
옴짝달싹도 하지 않았다
접착력과 방수성이 우수한 우의를 입고
자랑하듯 붙어 있었다

비바람 부는 날은
우의를 입고 일을 하지만
몇 해 입고 보니
해지기도 하고 삭기도 하여
날벌레 우의가 부러웠다

고성능 우의만 있다면
비바람 불어도 끄떡없을 터

산업스파이가 되어도 좋다
날벌레 우의 제조공법
훔칠 수만 있다면

거울 보기도 무섭다

한 해 동안
불행 몇 건 당하다 보니
몇십 년 흐른 느낌이다

상처가 되었고 원망이 되었고 후회가 되었고 액땜도 되었던 시작과 끝은 내게 있었다

나와 연결된 인연에게
상처를 주고 원망을 듣고 후회스럽다고 고개 숙이고 액땜했다고 변명했지만

업장 소멸 못 하고
고개 들고 다니기 부끄러운 지금
도둑놈 제 발 저리듯
거울 보기도 무섭다

맞짱에 대하여

여태
맞짱을 떠본 적 없다
맞짱을 흉내 낸 적은 있었으나

가로등과 부딪혔을 때도
돌부리에 걸렸을 때도
맞짱이란 생각은 해본 적 없지만
일방적으로 질 거란 염려로
맞짱에 대해선 여태 엄두도 못 냈는데

오늘 시내버스를 타고 귀가를 하다가
노파와 운전사 간
맞짱의 진수를 구경했다

잔돈이 없어서
오만 원짜리 지폐를
요금함에 넣고는
잔돈을 거슬러 달라 하니

오백 원짜리 동전 96개와

백 원짜리 동전 3개를

우루루 쏟아 놓고선

꺼내 가라네

불공평

고사리 장마에도 눈이 내렸다
진눈깨비였지만 분명 눈이었다
멀리 토함산에도
가까운 금오산에도

우리 집에는 내리지 않았다
마당 쓸어야 하는 일
덜어 주기 위함인지
따뜻한 날씨로 인해 싹 틔운 것들
얼지 않도록 하려는 것인지

발자국이라도 몇 개 남기려 했는데
그런 기회는 주어지지 않았다
자연은 공평하지 않았다

제2부

꽈배기

 이른 저녁을 먹으며 반주로 두꺼비 한 병을 잡았다. 취기가 올라도 시 한 줄은 읽고 자야지 하고 시집을 펼쳤지만 한 줄도 읽지 못하고 잠이 들어 버렸다. 시간이 얼마나 흘렀을까. 늦게 퇴근한 아들이 꽈배기 두 줄 사다가 머리맡에 놓고 가는 바람에 부스럭 잠이 깼다. 이내 또 잠들었다가 새벽에 깨어 커피를 타서 꽈배기를 먹었다. 가라는 장가는 안 가고 아비 생일에 꽈배기나 사 들고 오는 녀석과 그걸 요깃거리로 뜯고 있는 우리 부자가 안쓰러웠다. 다시 시집을 펼쳐 들었다. 배배 꼬인 시들이 눈에 잘 들어오지 않았다.

만취(晚翠)

돌아가야 할 곳이 없어도
돌아가야만 했다

거처하는 곳이 돌아갈 곳인가

지, 수, 화, 풍
너는 알고 있느냐

나를 알고 있는 것
있다고 해도 말 못 하는 생(生)
어찌해야 믿을까?

정해진 법칙대로 살아도
아직도 거처할 곳이 없다고
술잔 기울이는 밤

답을 몰라
지새우고 있나니

수제비의 맛

더위에 지친 날은
가끔 국수를 말아 먹는 것도 별미다

식구들이 모인 저녁
다시 물을 내고, 국수를 삶고
고명 몇 가지에 양념장을 곁들여
배불리 먹었다

다음날
다시 물이 남아서 수제비를 끓였다
밀가루 몇 순가락 반죽하면 될 일이고
장마가 그친 텃밭의 호박잎 몇 장이면 될 일
너무 간편하게 끓인 탓인지 맛이 별로였다

물과 제비만 넣고
끓일 걸 그랬나 보다

고맙다

딱히 할 일도 없는 겨울이지만
한파와 코로나 19로 옴짝달싹 안 하고 사가걱리하듯 보내는 하루가
어떻게 지나갔는지도 모를 정도로 초저녁잠에 취했다가
눈을 뜬 늦은 밤
TV에서 〈동행〉이란 프로가 저 혼자 떠들고 있었다.

채널권 싸움에서 진 후부터 TV 소리는 귀에 들어오지도 않았는데
아무렇게나 살아도 특별하게 귀에 들어오는 것도 없었는데
이날 따라 스물두 살 아빠의 육아일기가 눈물 흘리게 만들고 말았다.

한 사내의 육아일기를 보면서 깨달았다.
인생은 육십부터라고 했던가.
월급쟁이 시절 지나고 딱히 벌이도 없지만
굶지 않고 세상사 신경 끄고 살 수 있음이 얼마나 감사한 것인지

TV의 저 사연보다는 너무 편하고 안일하게 살아온 날들을 생각하면
　　저절로 부끄러웠다.

　　지금껏 함께 동행한 것들이여, 고맙다.
　　일일이 호명할 수는 없지만
　　삼라만상이 움직이는 이 순간에
　　내가 누군지를 일깨워준 것들이여, 고맙다.
　　동행을 위해 애쓴 것들이여, 고맙다.

비타민 효과

잠결에 오줌을 누고는
물을 내리지 않았다

아침부터 집안이
시끌벅적댔다

변기 물을 내리지 않으면
경계경보 없이 공습경보다

뒤통수 긁으며 자수했지만
분위기는 바뀌질 않았다

비타민 한 알
괜히 먹었다

눈 깜짝할 새

순간을 놓치고 나면
아쉬움이 크다

무지개가 떴었는데
흔적을 남기지 못했다

그 모든 것들
새들의 짓이다

너무나 빠른 새
꽁무니도 찾지 못했다

거미와 나

1.
거미줄이 있는지
확인도 안 하고 지나가다가
거미줄을 덮어썼다

거미의 먹이가 되었다

2.
밥을 먹는 나는
똥을 누고
곤충을 잡아먹는 거미는
줄을 누었다

거미도 밥을 먹으면
똥을 누고
나도 곤충을 잡아먹으면
줄을 눌까

내가 봄

담요 하나로
겨울을 둘둘 말아 지내다가
늙은 세탁기로
겨울을 털어냈으니
봄은
세탁기 속에서 오고 있을까

다사로운 볕을 받아
뽀송뽀송해진 담요 속에
너덜너덜한 몸뚱이를
둘둘 말아 넣었으니
내가 봄이런가?

때를 놓치다

때를 잘 놓친다
때를 맞추는 일이
날이 갈수록 더 어렵다
메모도 하고
달력에 동그라미까지 치는데도
때를 놓치기가 일쑤다

오늘도 그랬다
엊그제 봐 놓았던 호박
반찬 할 거라고 갔더니
보이지 않았다

그새 훌쩍 커서는
제 자리에 있지 않고
땅바닥으로 떨어져 있었다

딸까
말까

때를 놓친 후유증이
갈등으로 변했다

와(蛙)

개구리 뛰는 방향
아무도 모른다 했다

요즘 개구리 닮은 사람 참 많다

대체 어디로 뛸지
짐작이 가지 않는다

오늘도 바보상자 속에서
개구리 소리가 흘러나왔다

청개구리가 '와' 하며
내게 물었다

알면서도 모르는 척
능청 부리는 것일까

앵(鸚)

마을회관에 앵무새가 산다

하루 두 번씩
때맞춰 꼬박꼬박 운다

"주민 여러분 안녕하십니까?"

저 앵무새에게
누가 말을 가르쳐줬을까?

비가 주절주절 내리는데도
배운 대로 앵앵거린다

소통

위아래가 같아야
누가 뭐래도 편안하다

근
늑
를
몸
응
표
픞
후

위아래가 똑같다
참 잘 만든 글자다

저 글자들
우리에게 뭐라고 하지 않는다

위아래 소통 잘하라고

은근히 깨달음을 일러주는 부처다

문천도사(蚊川倒沙)

남천의 모래
물길 따라 떠내려가는 것을 보니
순리를 배웠는지 제법 똑똑한 편이다

주조사(鑄造沙)로는 최고였다는 모래
한때는 물길을 거부하고
거슬러 올랐다고 했었지

늦가을인지 겨울 초입인지
불분명한 요즈음
우물 밑바닥이 훤히 드러나도록
가뭄 살이 뻗치는데도
태평양을 향해 흐르는 물길 따라
덩달아 따라간다

신라 때 남천
청개구리였다

------

*문천도사: 신라 팔괘 중 하나.

벌지지(伐知旨) 눈물

눈물을 흘리는 비석이 있네
타지로 임 보내놓고
돌아왔다는 기별에 단걸음에 달려왔는데도
그사이 또 타지로 떠나
보고픈 마음 가누질 못해
아직도 눈물을 흘린다네

한때 출장이랍시고 집을 나섰다가
집에 들르지 않고 또 출장을 갔다면
아내도 저렇게 달려와 눈물을 흘렸을까

돌아온다는 기약만이라도 있으면
저리 섧지는 않았을 텐데
타지에서 돌아오지 못한 임 그리는 눈물
아직도 마르지 않았음이니

행여 내가 집을 떠나 돌아오지 못한다면
아내도 저리 울다 망부석이 되려나

형산강 지구대

두 단층 사이
땅이 내려앉아 생긴 지구대
방방곡곡 어디에든 있다
셀 수 없을 정도로 많다

바람이 흐르고
별빛이 흐르고
시간이 흐르는 내 사는 동리(洞里)도
그중 하나

몇 해 전에 일어났던 지진도
지구대 활동으로 인해
일어났을 거라 추측을 하면
형산강 언저리에 붙어사는 동안
불안한 마음 떨칠 수가 없을 것 같다

살아가는 것 자체가
불안한 생각의 연속인데

화마의 상흔으로 내려앉은 마음도
지구대를 만드는 중

자가격리

길이 막혔다.

담이나 방벽을 친 것도 아닌데
오는 사람 가는 사람
종일 지켜보아도 보이지 않았다.

꼬박 일 년
코로나 19로 인하여
구렁이 담 넘어가듯 지났다.

계절도 골목으로 오지 않고
들과 산과 하늘로 왔다가
가버렸다.

숨이 막혔다.

제3부

새집

새가
집을
지었다

새집이다

실내장식은
어떻게 꾸몄을까

당연히 좋겠지만
그래도
궁금하다

새가 지은
새집

제비집 1

여생을 보내려 지은 집에
제비 부부가 전세 들었다

먼 길 온다고 고생했으니
계약서도 없이
올 한 해 편히 살다 가라고
눈인사로만 계약했다

답례하듯 이내 공사를 시작하여
알콩달콩 살 것 같더니만
공사 도중에 중단하고 말았다

세간에
건축 자재비가 상승하여
공사를 못 한다는 소문이 흉흉했었는데
저들도 자재 조달이 힘겨웠던 것일까

한 달여 후 다시 돌아와

공사를 재개했지만
집이 너무 작았다

내 보기에도 좁지 싶은데
새끼까지 부양하려면
턱없이 작은 집이었다

제비집 2

작년에 살다 간 제비 부부
봄이 되어 다시 찾아왔다

있던 집이 작아서인지
몇 며칠 고민하더니만
전세 계약도 하지 않았는데도
처마 밑 멀쩡한 집 놔두고
현관 입구에 새로운 집을 지었다

광주 학동 아파트 공사 소식은 들었는지
더 넓고 크게 쌓아 올리면서
튼튼하게 완공시켰다

넓은 집에서
편안하게 사는 모습 뿌듯하지만
전세금은 언제쯤 주려나
경제 사정이 좋지 않다고
내년에 다시 오면 주겠다고 할까

제비가 떠나도
남을 것은
집

본전이다

제비집 3

올해도 제비가 찾아왔다
익숙하게 드나드는 것을 보니
작년에 왔었던 제비다

재작년에 지은 집이 너무 작았는지
작년에는 멀쩡한 집 두고 새로 짓더니만
올해는 있던 집을 증축했다

이왕 살 거라면
화장실 설비는 하고 살던지
제 날개 편 곳이 화장실인지
현관문 앞은 늘 변비 물이 흥건하다

청소할 때마다 괘씸하지만
살아오면서 여기저기 증축한 곳 있어서
뭐라 입댈 처지는 아니지만

눈이라도 딱 감아 주면

박 씨라도 물어다 줄까?
치밀어 오르는 화를 누르다 보니
여름이 후딱 지나가 버렸다

열암곡 부처

어떤 부처는 서 있고
어떤 부처는 앉아 있다

누워 있는 부처도 있지만
엎드린 부처도 있다

사바세계에서는
서 있기도 하고 앉아 있기도 하고
누워 있기도 하고 엎드려 있기도 하지만
생사 지옥 벗어나기 위해선
어떤 모습이 제격일까

자세가 중요하지 않으니
상에 얽매이지 말라고
코 닿을 듯 엎어져 있는
열암곡 부처

도토리 해부학

도토리 껍질을 까보니
노란 두 쪽 맨살 맞댄 채 쏙 나왔다

바닥에 떨어져 뒹굴면서도
다음 생을 준비하는가

그래도
이별은 없다 한다

생의 종점에 와서도
죽음을 두려워하지 않는다

방학 숙제

초등학교 시절
방학 숙제 중 제일 쉬운 것이
곤충채집이었다
개학이 다가오도록 실컷 놀고선
게으름을 감추려 한
위장 전술의 숙제였다

울도하늘소 한 마리 방 안에 들어왔다
풍뎅이 무당벌레 노린재 이름도 모르는 나방
날개 달린 것들 죄다 방으로 들어온다고
울도하늘소도 덩달아 왔는지
한꺼번에 곤충채집을 했다

다시 방학 숙제로 곤충채집을 하라 하면
매미랑 잠자리만 잡아서 방 안에 가두면
곤충채집 따로 하지 않아도 된다

방만 떼어 가면

방학 숙제는

식은

죽

먹기다

코로나 피서법

주야장천 들려와야 할 매미 소리
들리지 않았다
폭염주의보가 내려 나돌아다니기도 힘들어
낮잠이라도 즐기고 싶지만
매미 소리 들려오기를 기다리니
쉽사리 잠들지 못하는 희한한 동네가 되었다

며칠 전 대추나무에 앉아
울었던 것 같은데
올여름 두어 번은 들려왔던 것 같은데
한여름이어도
한여름이라 믿기지 않는 요즘
죄다 거리 두기를 하고 있으려나?

낮잠도 못 자고
쓸데없는 생각으로 피서를 하는…….
코로나도 피서를 하는…….

장마가 설치는 저녁

장마가 설치는 계절이지만
근심과 걱정을 내려놓은 저녁이면 양을 키운다
땅거미가 온 동네를 집어삼키기 전에
하얀 털 대신 불그레한 망토를 양에게 걸쳐 준다
늘 당하는 일지만
하루살이인지 깔따구인지 각다귀인지
콧구멍 귓구멍을 파고들어 성가시기도 하지만
게슴츠레 뜬 눈으로도 양을 돌본다
오늘 일기장에는 무슨 말을 적어야 할까
"허공 공사 중"
"집으로 돌아가세요!"
이렇게 적어 두면 내일도 양들이 무사하려나
장마 탓에 양을 돌볼 수 없지만
매미조차 울지 않지만
별들이 양을 지켜주기를 바라는 여름
어설픈 바람으로 가슴 식힌다

산삼의 효능

예고도 없이 겪어야 했던 재앙 때문에
심신이 피폐해졌다고
먹고 기운차리라고 친구가 건네준 산삼 네 뿌리
잘근잘근 씹어 먹으라는 명을 받들어
쓴맛 참으며 하루 한 뿌리씩
잠들기 전에 먹었더니
세상이 바뀌었다
올빼미 생활에 익숙해져 있었는데
초저녁엔 금방 잠들고
새벽이면 어김없이 눈을 떴다
예고도 없이 뒤흔들었던 지진 이후
마음 편히 잠들지 못한 것은 사실이지만
이젠 저녁만 먹으면 편안하게 잠에 든다
누가 업어 가도 모를 정도로 잠을 잔다
새벽 4시
지진을 감지하라는 듯
밀려서 수북이 쌓인 책을 읽으라는 듯
한동안 쓰기를 멈추었던 시(詩)를 쓰라는 듯

번쩍 눈뜨는 아침

진짜

산삼 덕분인가

빈집털이범

빈집을 털었다는 이유로
출두 명령이 떨어졌다

빈집 턴 적 없는데
털 이유도 없는데
빈집털이범이라 했다

찬 바람 불고 서리가 내리니
콩깍지를 턴 것뿐인데
아뿔싸,
콩을 털다가 달팽이 집을 털었구나

미필적 고의로 인한 사고이고
농사에 대해선 초보이고
죄는 미워도 사람은 미워하지 말라 했으니
의견서라도 제출하면 형량이 감해질까

콩깍지 속엔 콩이 있는데

달팽이 집에는 달팽이가 없었다고,
콩을 재배했지만 달팽이는 키우지 않았다고,
세 들어 살겠다고 약속도 하지 않고
무허가로 집을 지었다고,
농약값 비룟값 관리비용 등
세금 한 푼 내지 않고 도망갔다고,

그래도 빈집을 턴 것은 분명한 일
형량은 얼마나 나올까?

하루를 삼켰다

더워서
할딱거리다가
입을 벌리고
숨을 몰아쉬던 중에
하루살이 서너 마리
통째로
목구멍을 통과했다

하루를 삼켰다

무적(無籍)

없다거나 있다는 것은
무적(無籍)에게 물어보라

없어도 있는 것과 같고
있어도 없는 것 같으니

흔적도 없고 실체도 없다면
그것이 無籍이리니

선과 악
허구와 진실
그 경계를 허무는 것 또한
無籍이리니

동해남부선 열차

힘겹게 힘겹게 지나다가
힘들다고 쉰 목소리로 기적을 울렸던 날이 아마득한데
지금은 어디에서 쉬고 있을까?
이름 없는 공동묘지나
아직 파쇄 당하지 않아 고철상 어느 귀퉁이에서 비바람 맞고 있을까?

돌이켜보니 참 긴 시간이었다
처음 객지로 나가서 귀향할 때도
숨이 콱콱 막힐 정도의 비좁은 틈에서도 눈 맞추기를 했을 때도
자식새끼 안고 업고 다녔을 때도
너 없이는 옴짝달싹도 못 했는데

이제 너의 숨소리도 들리지 않고
너만 다녔던 길도 점점 사라져가고
어느 날에는 너라는 존재가 있었다는 기억조차 없어질 터

사는 일이 다 부질없다는 말이
너를 두고 한 말인가?
잠을 청하려 누웠어도
기척도 없는 너의 청춘을 기억해 주어야 하는데
이제는 나도 너 닮아간다

다 꿈이었다고 말할 날이 얼마 남지 않은 듯하다
행여 이승을 떠났다면 부디 극락왕생하기를

나락

추수하는 들판을 바라보다
나락(奈落)에 빠졌다

제4부

감자꽃

꽃이 피었네
하얀 꽃이 피었네

기다렸다는 듯
보자마자 달려들어

마구마구
꽃을 땄네

예쁜 걸 어떡해
예쁜 걸 어떡해

웃으며
꽃을 땄네

서출지

글이 나왔다는 소문 자자한 연못
틈만 나면 가보곤 했었지

나왔다는 그 글
여태 보지 못했지
박물관에도 없었지
책에도 실리지 않았지

그 글 정말 나왔을까?
나왔다면 다 나왔을까?
아직 남아 있는 것도 있을까?

소문을 믿어야 할까?
그냥 소문이었다고 치부해야 할까?

다 나왔다면야 신경 쓸 일 없지만
아직 남아 있다면 주우러 가야 할 터

연뿌리가 움켜쥐고서 내주지 않는 것일까?
억새 줄기가 휘감고 있을까?

천년의 시간이 흘렀어도
아직도 궁금증에 잠긴 연못

혹여 글이라도 줍게 되면
읽어보아야 할지 읽지 말아야 할지
갈등만 생길까 두려운

4월

서리는 내리지 않을 것 같아
두엄을 내고 밭을 갈아 고랑을 만들었다

늘 두둑이 낮아
생각한 만큼의 결실을 얻지 못해서
올해는 좀 서둘러 시작했으니
씨앗 고르는 일에 신경을 더 쓰기로 했다

어떤 것이 반듯하고
어떤 것이 쭉정이인지
눈으로 만져보고
손끝으로 냄새를 맡으며
한 해 농사를 위해
천지신명께 좋은 것으로 점지해 달라고 기도도 올렸다

멀쩡하다 싶어도 골골거리는 것 있었고
이건 아니다 싶었는데도 튼실한 것이 있었고
기대하지 않았는데도 풍성한 것이 있었고

기대를 잔뜩 했는데 실패한 적이 있었으니
씨앗 고르는 일도 꽤 신경 쓰였다

투표도 그랬다

복날

갈수록 허한 몸
몸보신하려니 마땅한 것이 없다

불살생(不殺生)이란 계(戒)를 앞세워
피 한 방울 안 흘리게
살아오긴 했어도
생명을 감히 앗을 수 없는데
무엇으로 보신을 하면 좋을까

무지개 잡아다가 보신할까
뒤지개를 잡아서 보신할까

저것으로 한 솥 푹 고아 먹으면
보신이 되려나?

부양대책

잘 뜨기 위해선 가벼워야 한다

비중이 클수록
잘 가라앉는다는 것을
40여 년 배를 설계하는 동안
진실을 위장한 밥줄이었다

자동차도 연비를 높이려
가볍게 만들고
비행기도 양력을 높이려
가벼운 재질로 만드는데

이름 꽤나 알리고 싶은 요즘
끼니를 위한 부양대책을 고민하는데
왜 가벼워선 안 될까

기차다

엄동설한이라고 엄살 피우다가도
잎눈 꽃눈 맺더니만
어느 틈엔가 꽃을 피움이
기차다

도톰한 씨방 주위 꽃잎
행여 누군가가 훔쳐볼까 조바심내는 사이
암술 수술 한바탕 정사를 치름이
기차다

수술 암술이 떨어지고
꽃잎이 허공으로 떠나간 후
아쉬움이 남겨놓은 열매가 몽글몽글 커감이
기차다

비바람 부는 날도 맑은 햇살 온전히 받은 날도 지나고
그렇게 하루하루 지나는 것이 일생이라 하더라도
입안에 침 모이게 하는 저것

기차다

먼 데서 들려오는
기적소리
기차다

헛꽃

마늘도 꽃이 핀 자리에
마늘이 달리는데
감자꽃에 감자가 달리는 것은
왜 보기 힘들까?

피는 대로 모두 꺾어 버리고
보이는 대로 꺾어 버리지만

꽃을 피우기만 하면
꺾어 버린다는 것을 알아서일까?

겨우 피운 감자꽃
수일 내 떨어지더라
꺾기 전에 떨어지더라

그것이
운명이라는 듯

고욤나무

단감나무 묘목을 사다 심었는데
고욤이 달렸다.

강아지가 뛰어놀면서 접붙인 가지를 부러뜨린 후
이내 싹튼 가지마다 고욤이 달렸다.

달려도 너무 많이 달렸다.

작은 것들이라 가지가 휘어지진 않았는데
가지가 약하여 사다리도 놓지 못해
작대기로 따야 하는데
떫다는 선입견 때문에 차일피일 미루었더니
이내 겨울이 왔는데도
참새와 직박구리가
번갈아 가면서 들러 따 먹고 갔다.

맛이라도 볼 요량으로 따 먹었다면
새가 될 뻔했다.

죽어줘야겠어

날이 더워서
반바지 입고 마늘을 정리하고 있는데
자꾸 다리에 달라붙는 저놈

그냥 떨어지라고
장갑 낀 손을 휘둘러 멀리 가기를 바랬는데
끝끝내 내 마음을 알아주지 않아
파리채를 들고 왔더니
그제야 사태의 심각성을 알았는지
달라붙는 횟수가 줄어들긴 했다

그러다가 잠시 후
간을 봤으니 무서울 것이 없다,
그냥 달라붙어서 혼쭐이라도 내주자는 듯
다시 달라붙기 시작했다

부처님 예수님 공자님 단군님
참을 만큼 참았거든요

나도 모르겠심더
그래도 불살생이 싫은 터라
뜸을 들인 후에도
반복되는 저들의 행동을 그냥 바라볼 수 없어서

준비해 둔 파리채를 들고
마지막 소원이라도 들어주자고
뜸을 들이고선……

어떤 밤이 좋을까

경주의 밤이 좋을까
신라의 밤이 좋을까

시조 할아버지 산소 곁에서 태어나서 자랐지만
성인이 되어 객지 생활을 하고선
다시 고향 땅으로 돌아와
나고 자란 곳은 아니어도 변두리에 거처하지만
거기나 여기나 다 경주 땅

서블이나 쇠벌이나 서라벌이나
밤이 되면 모두가 하나의 시간 속에서 잠들었지
그 긴 시간 동안 보름은 몇 번이나 지나갔을까?
겨울은 몇 번이나 지나갔을까?

지금의 밤도 그때의 밤도 다 같은 밤
반딧불이의 추억을 생각하며
침몰하다가 무너져 버린 시간을 생각하며
오늘도 찬찬히 발걸음 옮기는 밤

그 예전 신라의 밤이
지금은 경주의 밤을 생각하고 있을

혼자 마시는 술

십수 년 만에
혼자 술집에 갔다

테이블이 여럿일 거라 생각했는데
일어서 보니
나 혼자였다

노랫가락 속에
떠 있는 나
무인도에 있었다

즐겨 불렀던 노래들
여인과 연인이
파도 위에서 출렁거렸다

청맹과니

나뭇잎이 참 예쁘다
늘 그 자리에서
피었다 지고 피었다 지면서
묵묵히 제 소임을 다하며
세상을 지키고 있었을 터

석삼년 동안
세상을 등지고서
이 핑계 저 핑계로
관심은 아예 두지 않다가
지금 바라보는 나뭇잎
사뭇 예쁘다

그동안 나는
당달봉사로 살았던
청맹과니였다

공동 소유권

세상에는 내 것이 없다

더러는 내 것이라고 우긴 적도 있었지만
되돌아서서 보면 늘 빈손이다

시절 인연 따라
잠시 머물렀다 가는 존재이지만
놓아버리는 순간에는
한결같이 빈손

장마철 밤하늘이지만
이따금 구름 사이로 보이는 달이
애처롭기도 하고 반갑기도 하고
풀벌레 개구리 노래를 들으며 고즈넉이 바라보는 달

손가락으로 똑 찍어서 찜하지만
지구 어디에선가
나처럼 찜하는 사람 한둘이겠는가

그런 사람들 모두가 찜하고 보면
공동 소유권을 가진 것을

입동 저녁

한동안
먼동이 밝아 와도 잠들지 못했는데
요즘은 해가 진 후 머리를 누이기만 하면
잠자리에 든다

깨어 있음과 잠듦 사이에서 흘렀던 시간이
두어 해는 넘었을 터
그동안 세월이 흐르는 것을
전혀 눈치채지 못했다

봄이 온다고 이 꽃 저 꽃 찾아보다가
떨어진 감꽃을 보고선
아니 벌써! 하고 연발 감탄사를 쏟아내지만
언제 다시 깨어 있음과 잠듦 사이로
흘러간 시간을 세는 날이 오랴

서리 내리고 찬 바람 부는 입동 저녁
삭힌 감 아작아작 씹으면

되돌아보는 날이 많아질수록
남은 시간은 얼마 남지 않았다는 것을
깨달을 터인데

생이란 것
참 묘하다

상그럽기 그지없는

겨울 초입
금방 비가 올 것 같고
금방 눈이 내릴 것 같다

팥 타작도 해야 하고
콩 타작도 해야 하고
무도 뽑아 저장해야 하고
질금도 담가야 하고
메주도 쒀야 하고
오그락지도 만들어야 하고
김장도 해야 하는데
바람조차도
마구잡이로 불어 재낀다

짧은 하루
상그러운 가슴만 끌어안고
날씨만 탓한다

해설

눈부처를 좇는 일상의 기록

고영(시인)

1.

내게 사건이 생겼다는 건, 내가 살아있음을 증명해 주는 일이다. 좋은 일이든 나쁜 일이든 사건의 발생은 엔도르핀을 자극하고 그로 인해 나는 살아있음을 깨닫게 된다. 이렇듯 생존은 사건을 통해 드러난다. 세계는 매 순간 셀 수 없이 많은 사건으로 채워지지만 내 일상의 변화는 잘 보이지 않는다. 그제와 같은 어제였고, 오늘은 어제와 다를 바 없을 것 같은데 내일에의 기대 또한 그렇다. 어느 시점에선 '십 년', 강산이 변했을 기간에도 일상은 한결같았다고 느껴진다. 왜 그럴까, 두 가지 이유가 있다. 하나는 일반적으로 '사건'은 의미부여를 통해 형성된다는 데서 찾아볼 수 있다. 지구에서는 매일 수백 차례 이상의 지진이 발생하지만, 그것은 정보일 뿐 나의 관여를 곧바로 촉발하지 않는다. 하지만 내가 사는 도시, 마을에 지진이 나면 그것은 곧바로 중대한 사건이 된다. 지진의 안전지대라 믿었던 믿음이 무너진 것이 문제가 아니라 그 경험은 미래의 불안 요소로 즉시 투여되기 때문이다. 즉, 사건은 일어난 일의 성격에 의해서가 아니라 나의 관여로 의미가 부여되는 순간에 형성된다. 다른 하나는 사건을 대하는 인식 태도와 관련된다. 우연이나 자연의 섭리처럼 불가항력으로 보느냐, 인과관계의 귀결로 보느냐 하는 것이다. 전자의 관점에서는 행위 주체의 관여와 선택이 작거나 기회가 줄어든다. 반면에 후자는 모든 사태의 결과에서 원인을 찾으며, 행위 주체의 선택이 가장 결정적인 요인으로 작용한다.

박성규 시인은 어떤 선택의 결과와 그 결과를 받아들이면서 계속 따라붙는 또 다른 선택의 '갈등'을 이번 시집,『상그럽기 그지없는』을 통해 현미경처럼, 때로는 초점이 안 맞는 돋보기를 들이대듯 확대하거나 즐겁게 왜곡해서 보여준다.

> 겨울 초입
> 금방 비가 올 것 같고
> 금방 눈이 내릴 것 같다
>
> 팥 타작도 해야 하고

콩 타작도 해야 하고

무도 뽑아 저장해야 하고

질금도 담가야 하고

메주도 쒀야 하고

오그락지도 만들어야 하고

김장도 해야 하는데

바람조차도

마구잡이로 불어 재낀다

짧은 하루

상그러운 가슴만 끌어안고

날씨만 탓한다

─「상그럽기 그지없는」 전문

  이 시는 표제작으로 시집의 지향을 거뜬하게, 꼭 알맞게 함축하고 있다. 전체 3연은 짧지만 단단한 구성을 보여준다. 1연은 화자의 의지로 어찌해볼 수 없는 계절의 변화를, 2연은 '타작과 저장', 생존을 위해 화자가 계절에 맞춰 필수적으로 수행해야 하는 작업을 구체적으로 열거하고, 3연은 선택 앞에서 갈등하는 화자의 심리를 보여준다. 축약하면, '예상-예정-갈등'의 구조라 할 수 있는데, 이는 '상그럽다'라는 경상도 방언을 통해 이미지가 강화된다. '상그럽다'는 "차갑다, 불편하다"라는 뜻을 가졌는데 본문 3연의 "상그러운 가슴만"이라는 표현에서는 '차갑다'라는 뜻으로, 제목 '상그럽기 그지없는'에서는 '불편하다'라는 뜻으로 사용되었음을 유추해 볼 수 있다.

　이 방언의 활용은 단순히 '시어의 확장'이라는 차원을 넘어선다. 3연의 "오그락지"와 본래 뜻인 '무말랭이'를 비교해서 읽어보면 그 차원을 금방 알 수 있다. 물론 품사의 문제도 아니다. 시인은 「부양대책」에서 "잘 뜨기 위해선 가벼워야 한다"는 깨달음을 명제로 보여준다. 이 명제는 근래에 알게 된 것도 아니고, 어떤 사유의 결과물도 아니다. 잘 알려진 과학적 명제일 뿐이다. 다시 상기하게 된 것은 "이름 꽤나 알리고 싶은 요즘/끼니를 위한 부양대책을 고민하"면서부터일 것이다. 하지만 시인은 곧 갈등 상황에 빠진다. "왜 가벼워선 안 될까"라는 의문은 생활과 시작, 양방향으로 뻗어 나간다. 생활은 짐작해 볼 방법이 없지만, 시작에서 '부양대책'으로 삼은 몇 가지 시도는 어렵지 않게 확인할 수 있다. 그 하나가 바로 인용한 표제작이다.

2.
　일상의 위력은 그 원리가 철저하게 작동한다는 데도 있지만, 지속성에서도 잘 드러난다. 기계처럼 단순한 일을 자동적으로 반복해서 처리하다 보면 하루가 지나간다. 감각은 계절을 느끼더라도 생활방식은 계절에 맞춰 바뀌지 않는다. 그렇게 몇 차례 바뀐 계절 감각으로 일 년이 지나가고, 별다른 큰 인식적 수고 없이 십 년도 훌쩍 지나가 버린다. "낙향한 지도 어언 십여 년인데/강산이 변할 만큼의 시간이라는데/주위는 아직 변한 것 없다"(「욕심」)는 시인의 탄식은 이 사태를 정확하게 반영한다. 생활 터전과 방식을 바꾼다고 쉽사리 허물어질 일상이 아니다. 하지만, 그 '십여 년' 동안 시인이 도시적 일상에서 농촌의 일상으로 겉모양만 바꾼 것은 결코 아니다.

> 그래도 세상은
> 순리대로 돌아가야 하고
> 순리에 맞는 결과가 있을 거라고 믿는 마음 덕분에
> 헛걸음이라도 마음 상하지는 않지만
>
> 인(因)이 있었으니 연(緣)이 있다는 말을 믿는 지금
> 기다림도 수행이라 여기며
> 아침 햇살을 반긴다
> ―「입춘 아침」 부분

> 봄이 온다고 이 꽃 저 꽃 찾아보다가
> 떨어진 감꽃을 보고선
> 아니 벌써! 하고 연발 감탄사를 쏟아내지만

언제 다시 깨어 있음과 잠듦 사이로
흘러간 시간을 세는 날이 오랴

서리 내리고 찬 바람 부는 입동 저녁
삭힌 감 아작아작 씹으면
되돌아보는 날이 많아질수록
남은 시간은 얼마 남지 않았다는 것을
깨달을 터인데

생이란 것
참 묘하다

—「입동 저녁」부분

    이번 시집의 구성은 견고한 일상에 균열을 일으키려는 시인의 의도가 여실하게 드러난다. 1부는 '입춘 아침'으로 열어서, 4부 마무리는 '입동 저녁'으로 닫는다. 그사이 「이젠 봄이라 하자」, 「장마가 설치는 저녁」, 「나락」, 「고욤나무」처럼 사계절을 직접 드러내거나 비유하는 작품들이 계절 순으로 배치되어 있다. 일 년짜리 일상의 기록을 작성했다고도 할 수 있다.

    이 일상의 기록을 의미 있게 하는 것, 나아가 부드럽지만 질긴 외피를 벗기고 일상의 내부에 균열을 만드는 것은 무엇일까. 인용 작품에 따르면, "그래도 세상은/순리대로 돌아가야 하고/순리에 맞는 결과가 있을 거라고 믿는 마음"에서 움튼 "인(因)이 있었으니 연(緣)이 있다는 말"에 대한 믿음이다. 하지만 이 마음, 믿음은 반쪽짜리일 수밖에 없는데 그것은 자칫 제행무상(諸行無常) 운운하는 회의론에 빠질 수도 있기 때문이다. 시인 스스로 "면벽 수행이 부족"(「입춘 아침」)했다 실토하니 그럴 가능성은 애초에 없었을 것이다. 나머지 반은 "삭힌 감 아작아작 씹으면/되돌아보는 날이 많아질수록/남은 시간은 얼마 남지 않았다는 것을" 깨닫는 데 있다. 결국, 수행은 수행대로 가치가 있고 그래도 채울 수 없는 생이란 것의 '묘'가 있다는 데까지 닿는 자세가 필요하다. 다시 말해, 생이란 결국 순리에 따르기 마련이지만 그 실제에 있어서 '선택과 갈등'이라는 수많은 분기점이 있기에 오묘하다는 인식이 필요하다.

박성규 시인은 자연과 세계에 대립하고 갈등하는 상황에서 우직하게 행동에 나서기보다 "알면서도 모르는 척/능청 부리는"(「와(蛙)」) 방식을 취한다. 가령 이런 것이다. 토함산에도 금오산에도 분명 눈이 내렸는데 "우리 집에는 내리지 않았다/마당 쓸어야 하는 일/덜어 주기 위함인지/따뜻한 날씨로 인해 싹 틔운 것들/얼지 않도록 하려는 것인지" 생각하면서도 발자국이라도 몇 개 남기려던 계획이 틀어지자 "자연은 공평하지 않았다"(「불공평」)라며 투덜대는 장면이나, 국회의원 총선거를 씨앗 고르는 것에 빗대 "멀쩡하다 싶어도 골골거리는 것 있었고/이건 아니다 싶었는데도 튼실한 것이 있었고/기대하지 않앉는데도 풍성한 것이 있었고/기대를 잔뜩 했는데 실패한 적이 있었으니/씨앗 고르는 일도 꽤 신경 쓰였다"(「4월」)라고 에둘러 비판하는 장면이 그러하다.

> 두 단층 사이
> 땅이 내려앉아 생긴 지구대
> 방방곡곡 어디에든 있다
> 셀 수 없을 정도로 많다
>
> 바람이 흐르고
> 별빛이 흐르고
> 시간이 흐르는 내 사는 동리(洞里)도
> 그중 하나
>
> 몇 해 전에 일어났던 지진도
> 지구대 활동으로 인해
> 일어났을 거라 추측을 하면
> 형산강 언저리에 붙어사는 동안
> 불안한 마음 떨칠 수가 없을 것 같다
>
> 살아가는 것 자체가
> 불안한 생각의 연속인데

화마의 상흔으로 내려앉은 마음도

지구대를 만드는 중

―「형산강 지구대」 전문

 시인의 '능청'이라는 대응 방식은 우선 "때를 놓치기가 일쑤"이기에 "때를 놓친 후유증이/갈등으로 변"(「때를 놓치다」)하는 일종의 결함을 극복한 것이라는 데에 의미가 있다. 나아가 위의 인용 작품에서 보이듯 지진 경험에 의한 떨칠 수 없는 "불안한 마음", 즉 경험에서 비롯한 불안 요소까지 넘어선 것이기에 더 큰 가치를 부여할 수 있다. 또한, 이 '능청'이 시인이 「부양대책」에서 "이름 꽤나 알리고 싶은 요즘"의 해결책으로 발전하는 데 주목할 필요가 있다.

 언어유희(言語遊戲, pun)는 다음 백과사전에 따르면, "말장난 또는 말재롱이라고도 부른다. 크게 다음 네 가지 경우가 있다. 첫째, 동음이의어를 이용하는 경우. 둘째, 비슷한 발음의 단어를 연속하여 각운을 맞추는 경우. 셋째, 도치법으로 문장의 앞뒤를 바꾸는 경우. 넷째, 어울리지 않는 단어를 조합하여 새 말을 만들어내는 경우" 등이다. 시에서 언어유희를 사용하는 이유는 고정관념을 우회해서 비판하거나 의미 위주의 경직된 시적 가치를 전복하거나 저항을 최소화하면서 지배적인 이데올로기를 흔들기 위해서이다.

위아래가 같아야

누가 뭐래도 편안하다

근

늘

를

몸

응

표

픞

후

위아래가 똑같다

참 잘 만든 글자다

저 글자들

우리에게 뭐라고 하지 않는다

위아래 소통 잘하라고

은근히 깨달음을 일러주는 부처다

—「소통」전문

이 작품은 물론 언어유희를 활용한 대표작이기도 하지만, 시적 지향이 분명하게 드러나는 작품이라 할 수 있다. 앞에 언급한 "왜 가벼워선 안 될까"라는 의문의 답을 시인이 형상화해서 보여주기 때문이다. 또한, 시인은 어떤 형식을 갖춘 계몽이나 지도를 거부하는 시 정신을 보여주는데 이는 2연의 글자 하나하나를 "위아래 소통 잘하라고/은근히 깨달음을 일러주는 부처"로 여기기 때문이다. 진정한 앎이란 은근히 그러나 스스로 깨우치는 것일 뿐임을 박성규 시인은 몸소 보여주고 있는 것이다.

3.

이 시집에서 언어유희의 활용은 독점적이라 할 수 있다. 형태도 다양하다. 「앵(鸚)」처럼 청각 유사성을 모티프로 삼은 것부터, 「새집」처럼 동음이의어를 활용한 작품, 「빈집털이범」처럼 형태적 유사성을 의미로 변주한 것까지 확인할 수 있다. 이 경쾌한 상상에도 불구하고, 시인은 "세상에는 내 것이 없다"(「공동 소유권」)라는 사실을 분명하게 인식하고 있다. 하지만 끝내 '빈손'인 것은 아니다.

어떤 부처는 서 있고
어떤 부처는 앉아 있다

누워 있는 부처도 있지만

엎드린 부처도 있다

사바세계에서는

서 있기도 하고 앉아 있기도 하고

누워 있기도 하고 엎드려 있기도 하지만

생사 지옥 벗어나기 위해선

어떤 모습이 제격일까

자세가 중요하지 않으니

상에 얽매이지 말라고

코 닿을 듯 엎어져 있는

열암곡 부처

—「열암곡 부처」 전문

어쩌면, 천 년 전에도 한 시인이 있어서 자연의 섭리와 세계의 원칙에 빈손과 허탈에 가까운 웃음으로 맞섰는지 모를 일이다. 서거나 앉았거나 누웠거나 혹은 엎드렸더라도 "자세가 중요하지 않으니/상에 얽매이지 말라고" 시인에게 '은근한 깨달음'의 한 소식을 주신다. 시를 읽으며 또 흘러넘쳐 듣는다. 마치 나를 향한 법어처럼.

딱히 할 일도 없는 겨울이지만

한파와 코로나 19로 움짝달싹 안 하고 자가격리하듯 보내는 하루가

어떻게 지나갔는지도 모를 정도로 조저녁잠에 취했다가 눈을 뜬 늦은 밤

TV에서 〈동행〉이란 프로가 저 혼자 떠들고 있었다.

채널권 싸움에서 진 후부터 TV 소리는 귀에 들어오지도 않았는데

아무렇게나 살아도 특별하게 귀에 들어오는 것도 없었는데

이날 따라 스물두 살 아빠의 육아일기가 눈물 흘리게 만들고 말았다.

한 사내의 육아일기를 보면서 깨달았다.

인생은 육십부터라고 했던가.

월급쟁이 시절 지나고 딱히 벌이도 없지만

굶지 않고 세상사 신경 끄고 살 수 있음이 얼마나 감사한 것인지

TV의 저 사연보다는 너무 편하고 안일하게 살아온 날들을 생각하면

저절로 부끄러웠다.

지금껏 함께 동행한 것들이여, 고맙다.

일일이 호명할 수는 없지만

삼라만상이 움직이는 이 순간에

내가 누군지를 일깨워준 것들이여, 고맙다.

동행을 위해 애쓴 것들이여, 고맙다.

―「고맙다」 전문

  박성규 시인이 이 시집을 구상할 때는 일상의 기록으로 일상적 자아를 초월하는 시 의식을 보여주고자 했을 것이다. 의식은 시간의 경계를 거뜬히 넘어서기에 시인은 체험일 수밖에 없는 사건들과 내면의 갈등을 확장해서 기록할 수밖에 없었을 것이다. TV는 정보의 터미널로써 기능을 하지만 때론 전혀 신뢰할 수 없는 정보를 송출하는 바보상자가 되기도 한다. 하지만 시인은 우연히, 자세가 아니라 그 이면을 보라는 소리를 들었고 깨달았기에 '고맙다'라고 큰 인사를 나눌 수 있게 되었다. 박성규 시인의 이후가 한 걸음 더 부처와 같고, 또 한 걸음 더 세상의 어떤 '동행'들과 가까워지기를 기대해 본다.

시인동네 시인선 261

상그럽기 그지없는

ⓒ 박성규

초판 1쇄 인쇄	2025년 9월 22일
초판 1쇄 발행	2025년 9월 29일
지은이	박성규
펴낸이	김석봉
디자인	헤이존
펴낸곳	문학의전당
출판등록	제448-251002012000043호
주소	충북 단양군 적성면 도곡파랑로 178
전화	043-421-1977
전자우편	sbpoem@naver.com

ISBN 979-11-5896-711-6 03810

*이 책의 판권은 지은이와 문학의전당에 있습니다.
*양측의 서면 동의 없는 무단 전재 및 복제를 금합니다.
*잘못 만들어진 책은 바꿔드립니다.